Pablo Neruda

Regalo de un Poeta

Pinturas de Dafni Amecke Tzitzivakos

El Amor

Amo el amor que se reparte
en besos, lecho y pan.

Amor que puede ser eterno
y puede ser fugaz.

Amor que quiere libertarse
para poder amar.

Amor divinizado que se acerca.
Amor divinizado que se va.

De Crepusculario

Yo te he nombrado reina.
Hay más altas que tú, más altas.
Hay más puras que tú, más puras.
Hay más bellas que tú, más bellas.

Pero tú eres la reina.

Cuando vas por las calles
nadie te reconoce.
Nadie ve la corona de cristal, nadie mira
la alfombra de oro rojo
que pisas donde pasas,
la alfombra que no existe.

Y cuando asomas
suenan todos los ríos
en mi cuerpo, sacuden
el cielo las campanas,
y un himno llena el mundo.

Sólo tú y yo,
sólo tú y yo, amor mío,
lo escuchamos.

De *Los versos del Capitán*

Sólo tú y yo,
sólo tú y yo, amor mío...

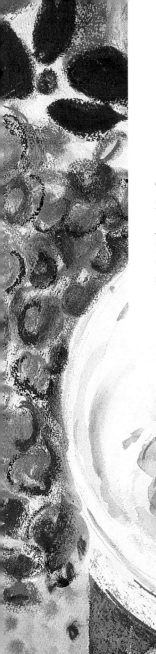

*T*al vez tú no sabías, araucana,
que cuando antes de amarte me olvidé de tus besos
mi corazón quedó recordando tu boca

y fui como un herido por las calles
hasta que comprendí que había encontrado,
amor, mi territorio de besos y volcanes.

De *Cien sonetos de amor*

$\mathcal{T}$engo hambre de tu boca, de tu voz, de tu pelo
y por las calles voy sin nutrirme, callado,
no me sostiene el pan, el alba me desquicia,
busco el sonido líquido de tus pies en el día.

Estoy hambriento de tu risa resbalada,
de tus manos color de furioso granero,
tengo hambre de la pálida piedra de tus uñas,
quiero comer tu piel como una intacta almendra.

De *Cien sonetos de amor*

$\mathcal{N}$osotros, los perecederos, tocamos los metales,
el viento, las orillas el océano, las piedras,
sabiendo que seguirán, inmóviles o ardientes,
y yo fui descubriendo, nombrando todas las cosas:
fue mi destino amar y despedirme.

De *Aún*

*P*ara mi corazón basta tu pecho,
para tu libertad bastan mis alas.
Desde mi boca llegará hasta el cielo
lo que estaba dormido sobre tu alma.

Es en ti la ilusión de cada día.
Llegas como el rocío a las corolas.
Socavas el horizonte con tu ausencia.
Eternamente en fuga como la ola.

He dicho que cantabas en el viento
como los pinos y como los mástiles.
Como ellos eres alta y taciturna.
Y entristeces de pronto, como un viaje.

Acogedora como un viejo camino.
Te pueblan ecos y voces nostálgicas.
Yo desperté y a veces emigran y huyen
pájaros que dormían en tu alma.

De *Veinte poemas de amor y una canción desesperada*

Me gustas cuando callas porque estás como ausente,
y me oyes desde lejos, y mi voz no te toca.
Parece que los ojos se te hubieran volado
y parece que un beso te cerrara la boca.

Como todas las cosas están llenas de mi alma
emerges de las cosas, llena del alma mía.
Mariposa de sueño, te pareces a mi alma,
y te pareces a la palabra melancolía.

De *Veinte poemas de amor y una canción desesperada*

*C*uánto te habrá dolido acostumbrarte a mí,
a mi alma sola y salvaje, a mi nombre que todos ahuyentan.
Hemos visto arder tantas veces el lucero besándonos los ojos
y sobre nuestras cabezas destorcerse los crepúsculos
en abanicos girantes.
Mis palabras llovieron sobre ti acariciándote.
Amé desde hace tiempo tu cuerpo de nácar soleado.
Hasta te creo dueña del universo.
Te traeré de las montañas flores alegres, copihues,
avellanas oscuras, y cestas silvestres de besos.

Quiero hacer contigo
lo que la primavera hace con los cerezos.

De *Veinte poemas de amor y una canción desesperada*

*P*uedo escribir los versos más tristes esta noche.
Puedo escribir, por ejemplo: "La noche está estrellada,
y tiritan, azules, los astros, a lo lejos".

El viento de la noche gira en el cielo y canta.

Puedo escribir los versos más tristes esta noche.
Yo la quise, y a veces ella también me quiso.

En las noches como ésta la tuve entre mis brazos.
La besé tantas veces bajo el cielo infinito.

Ella me quiso, a veces yo también la quería.
Cómo no haber amado sus grandes ojos fijos.
Puedo escribir los versos más tristes esta noche.
Pensar que no la tengo. Sentir que la he perdido.

Oír la noche inmensa, más inmensa sin ella.
Y el verso cae en el alma como al pasto el rocío.

Qué importa que mi amor no pudiera guardarla.
La noche está estrellada y ella no está conmigo.

Eso es todo. A lo lejos alguien canta. A lo lejos.
Mi alma no se contenta con haberla perdido.

Como para acercarla mi mirada la busca.
Mi corazón la busca, y ella no está conmigo.

La misma noche que hace blanquear los mismos árboles.
Nosotros, los de entonces, ya no somos los mismos.

Ya no la quiero, es cierto, pero cuánto la quise.
Mi voz buscaba el viento para tocar su oído.

De otro. Será de otro. Como antes de mis besos.
Su voz, su cuerpo claro. Sus ojos infinitos.

Ya no la quiero, es cierto, pero tal vez la quiero.
Es tan corto el amor, y es tan largo el olvido.

Porque en noches como ésta la tuve entre mis brazos,
mi alma no se contenta con haberla perdido.

Aunque éste sea el último dolor que ella me causa,
y éstos sean los últimos versos que yo le escribo.

De Veinte poemas de amor y una canción desesperada

*P*or ti junto a los jardines recién florecidos
me duelen los perfumes de la primavera.
He olvidado tu rostro, no recuerdo tus manos,
¿cómo besaban tus labios?
Por ti amo las blancas estatuas dormidas en los parques,
las blancas estatuas que no tienen voz ni mirada.
He olvidado tu voz, tu voz alegre, he olvidado tus ojos.
Como una flor a su perfume, estoy atado a tu recuerdo
impreciso. Estoy cerca del dolor como una herida,
si me tocas me dañarás irremediablemente.
He olvidado tu amor y sin embargo te adivino detrás de
todas las ventanas.
Por ti me duelen los pesados perfumes del estío:
por ti vuelvo a acechar los ginos que precipitan los deseos,
las estrellas en fuga, los objetos que caen.

De *Para nacer he nacido*

19

En mi patria hay un monte.
En mi patria hay un río.

Ven conmigo.

La noche al monte sube.
El hambre baja al río.

Ven conmigo.

¿Quiénes son los que sufren?
No sé, pero son míos:

Ven conmigo.

No sé, pero me llaman
y me dicen: "Sufrimos".

Ven conmigo.

Y me dicen: "Tu pueblo,
tu pueblo desdichado,
entre el monte y el río,

con hambre y con dolores,
no quiere luchar solo,
te está esperando, amigo".

Oh tú, la que yo amo,
pequeña, grano rojo
de trigo,
será dura la lucha,
la vida será dura,
pero vendrás conmigo.

De *Los versos del Capitán*

*P*equeña
rosa,
rosa pequeña,
a veces,
diminuta y desnuda,
parece
que en una mano mía
cabes,
así que voy a cerrarte
y a llevarte a mi boca,
pero
de pronto
mis pies tocan tus pies y mi boca tus labios,
has crecido,
suben tus hombros como dos colinas,
tus pechos se pasean por mi pecho,
mi brazo alcanza apenas a rodear la delgada
línea de luna nueva que tiene tu cintura:
en el amor como agua de amor te has desatado:
mido apenas los ojos más extensos del cielo
y me inclino a tu boca para besar la tierra.

De *Los versos del Capitán*

...y me inclino a tu boca
para besar la tierr

*A*miga, no te mueras.
Oyeme estas palabras que me salen ardiendo,
y que nadie diría si yo no las dijera.

Amiga, no te mueras.

Yo soy el que espera en la estrellada noche.
El que bajo el sangriento sol poniente te espera.

Miro caer los frutos en la tierra sombría.
Miro bailar las gotas del rocío en las hierbas.

En la noche el espeso perfume de las rosas
cuando danza la ronda de las sombras inmensas.

Bajo el cielo del Sur, el que te espera cuando
el aire de la tarde como una boca besa.

Amiga, no te mueras.

Yo soy el que cortó las guirnaldas rebeldes
para el lecho selvático fragante a sol y a selva.
El que trajo en los brazos jacintos amarillos.
Y rosas desgarradas. Y amapolas sangrientas.

El que cruzó los brazos por esperarte, ahora.
El que quebró sus arcos. El que dobló sus flechas.

Yo soy el que en los labios guarda sabor de uvas.
Racimos refregados. Mordeduras bermejas.

El que te llama desde las alturas brotadas.
Yo soy el que en la hora del amor te desea.

El aire de la tarde cimbra las ramas altas.
Ebrio, mi corazón, bajo Dios, tambalea.

El río desatado rompe a llorar y a veces
se adelgaza su voz y se hace pura y trémula.

Retumba, atardecida, la queja azul el agua.
¡Amiga, no te mueras!

Yo soy el que te espera en la estrellada noche,
sobre las playas áureas, sobre las rubias eras.

El que cortó jacintos para tu lecho, y rosas.
Tendido entre las hierbas, ¡yo soy el que te espera!

De El hondero entusiasta

Sabrás que no te amo y que te amo
puesto que de dos modos es la vida,
la palabra es un ala del silencio,
el fuego tiene una mitad de frío.

Yo te amo para comenzar a amarte,
para recomenzar el infinito
y para no dejar de amarte nunca:
por eso no te amo todavía.

Te amo y no te amo como si tuviera
en mis manos las llaves de la dicha
y un incierto destino desdichado.

Mi amor tiene dos vidas para amarte.
Por eso te amo cuando no te amo
y por eso te amo cuando te amo.

De *Cien sonetos de amor*

*P*ensé morir, sentí de cerca el frío,
y de cuanto viví sólo a ti te dejaba:
tu boca era mi día y mi noche terrestres
y tu piel la república fundada por mis besos.

En ese instante se terminaron los libros,
la amistad, los tesoros sin tregua acumulados,
la casa transparente que tú y yo construimos:
todo dejó de ser, menos tus ojos.

Porque el amor, mientras la vida nos acosa,
es simplemente una ola alta sobre las olas
pero ay cuando la muerte viene a tocar la puerta

hay sólo tu mirada para tanto vacío,
sólo tu claridad para no seguir siendo,
sólo tu amor para cerrar la sombra.

De *Cien sonetos de amor*

No te amo como si fueras rosa de sal, topacio
o flecha de claveles que propagan el fuego:
te amo como se aman ciertas cosas oscuras,
secretamente, entre la sombra y el alma.

Te amo como la planta que no florece y lleva
dentro de sí, escondida, la luz de aquellas flores,
y gracias a tu amor vive oscuro en mi cuerpo
el apretado aroma que ascendió de la tierra.

Te amo sin saber cómo, ni cuándo, ni de dónde,
te amo directamente, sin problemas ni orgullo:
así te amo porque no sé amar de otra manera,

sino así de este modo en que no soy ni eres,
tan cerca que tu mano sobre mi pecho es mía,
tan cerca que se cierran tus ojos con mi sueño.

De *Cien sonetos de amor*

Yo no lo quiero, amada.

Para que nada nos amarre
que no nos una nada.

Ni la palabra que aromó tu boca,
ni lo que no dijeron las palabras.

Ni la fiesta de amor que no tuvimos,
ni tus sollozos junto a la ventana.

Amo el amor de los marineros
que besan y se van.

Dejan una promesa.
No vuelven nunca más.

En cada puerto una mujer espera:
los marineros besan y se van.

Una noche se acuestan con la muerte
en el lecho del mar.

De *Crepusculario*

Amo el amor de los marineros
que besan y se van.

*P*ara que tú me oigas
mis palabras
se adelgazan a veces
como las huellas de las gaviotas en las playas.

Collar, cascabel ebrio
para tus manos suaves como las uvas.

Y las miro lejanas mis palabras.
Más que mías son tuyas.
Van trepando en mi viejo dolor como las yedras.

Ellas trepan así por las paredes húmedas.
Eres tú la culpable de este juego sangriento.

Ellas están huyendo de mi guarida oscura.
Todo lo llenas tú, todo lo llenas.

Antes que tú poblaron la soledad que ocupas,
y están acostumbradas más que tú a mi tristeza.

Ahora quiero que digan lo que quiero decirte
para que tú me oigas como quiero que me oigas.

El viento de la angustia aún las suele arrastrar.
Huracanes de sueños aún a veces las tumban.
Escuchas otras voces en mi voz dolorida.
Llanto de viejas bocas, sangre de viejas súplicas.
Ámame, compañera. No me abandones. Sígueme.
Sígueme, compañera, en esa ola de angustia.

Pero se van tiñendo con tu amor mis palabras.
Todo lo ocupas tú, todo lo ocupas.

Voy haciendo de todas un collar infinito
para tus blancas manos, suaves como las uvas.

De *Veinte poemas de amor y una canción desesperada*

Hoy, este día fue una copa plena,
hoy, este día fue la inmensa ola,
hoy, fue toda la tierra.

Hoy el mar tempestuoso
nos levantó en un beso
tan alto que temblamos
a la luz de un relámpago
y, atados, descendimos
a sumergirnos sin desenlazarnos.

Hoy nuestros cuerpos se hicieron extensos,
crecieron hasta el límite del mundo
y rodaron fundiéndose
en una sola gota
de cera o meteoro.

Entre tú y yo se abrió una nueva puerta
y alguien, sin rostro aún,
allí nos esperaba.

De *Los versos del Capitán*

Niña morena y ágil, el sol que hace las frutas,
el que cuaja los trigos, el que tuerce las algas,
hizo tu cuerpo alegre, tus luminosos ojos
y tu boca que tiene la sonrisa del agua.

Un sol negro y ansioso se te arrolla en las hebras
de la negra melena, cuando estiras los brazos.
Tú juegas con el sol como con un estero
y él te deja en los ojos dos oscuros remansos.

Niña morena y ágil, nada hacia ti me acerca.
Todo de ti me aleja, como del mediodía.
Eres la delirante juventud de la abeja,
la embriaguez de la ola, la fuerza de la espiga.

Mi corazón sombrío te busca, sin embargo,
y amo tu cuerpo alegre, tu voz suelta y delgada.
Mariposa morena dulce y definitiva
como el trigal y el sol, la amapola y el agua.

De *Veinte poemas de amor y una canción desesperada*

$\mathcal{T}$rajo el amor su cola de dolores,
su largo rayo estático de espinas
y cerramos los ojos porque nada,
porque ninguna herida nos separe.

No es culpa de tus ojos este llanto:
tus manos no clavaron esta espada:
no buscaron tus pies este camino:
llegó a tu corazón la miel sombría.

Cuando el amor como una inmensa ola
nos estrelló contra la piedra dura,
nos amasó con una sola harina,

cayó el dolor sobre otro dulce rostro
y así en la luz de la estación abierta
se consagró la primavera herida.

De *Cien sonetos de amor*

y así en la luz de la estación abierta
se consagró la primavera herida.

Ya no se encantarán mis ojos en tus ojos,
ya no se endulzará junto a ti mi dolor.

Pero hacia donde vaya llevaré tu mirada
y hacia donde camines llevarás mi dolor.

Fui tuyo, fuiste mía. ¿Qué más? Juntos hicimos
un recodo en la ruta donde el amor pasó.

Fui tuyo, fuiste mía. Tú serás del que te ame,
del que corte en tu huerto lo que he sembrado yo.

Yo me voy. Estoy triste: pero siempre estoy triste.
Vengo desde tus brazos. No sé hacia dónde voy.

...Desde tu corazón me dice adiós un niño.
Y yo le digo adiós.

De *Crepusculario*

43

Amor, una pregunta
te ha destrozado.

Yo he regresado a ti
desde la incertidumbre con espinas.

Te quiero recta como
la espada o el camino.

Pero te empeñas
en guardar un recodo
de sombra que no quiero.

Amor mío,
compréndeme,
te quiero toda,
de ojos a pies, a uñas,
por dentro,
toda la claridad, la que guardabas.

Soy yo, amor mío,
quien golpea tu puerta.
No es el fantasma, no es
el que antes se detuvo
en tu ventana.

Yo echo la puerta abajo:
yo entro en toda tu vida:
vengo a vivir en tu alma:
tú no puedes conmigo.

Tienes que abrir puerta a puerta,
tienes que obedecerme,
tienes que abrir los ojos
para que busque en ellos,
tienes que ver cómo ando
con pasos pesados
por todos los caminos
que, ciegos, me esperaban.

No me temas,
soy tuyo,
pero
no soy el pasajero ni el mendigo,
soy tu dueño,
el que tú esperabas,
y ahora entro
en tu vida,
para no salir más,
amor, amor, amor,
para quedarme.

De *Los versos del Capitán*

y moriré de amor porque te quiero,
porque te quiero, amor, a sangre y fuego.

No te quiero sino porque te quiero
y de quererte a no quererte llego
y de esperarte cuando no te espero
pasa mi corazón del frío al fuego.

Te quiero sólo porque a ti te quiero,
te odio sin fin, y odiándote te ruego,
y la medida de mi amor viajero
es no verte y amarte como un ciego.

Tal vez consumirá la luz de enero,
su rayo cruel, mi corazón entero,
robándome la llave del sosiego.

En esta historia sólo yo me muero
y moriré de amor porque te quiero,
porque te quiero, amor, a sangre y fuego.

De *Cien sonetos de amor*

*E*ra mi corazón un ala viva y turbia
y pavorosa ala de anhelo.

Era primavera sobre los campos verdes.
Azul era la altura y era esmeralda el suelo.

Ella –la que me amaba- se murió en primavera.
Recuerdo aún sus ojos de paloma en desvelo.

Ella –la que me amaba- cerró los ojos. Tarde.
Tarde de campo, azul. Tarde de alas y vuelos.

Ella –la que me amaba- se murió en primavera.
Y se llevó la primavera al cielo.

De *Crepusculario*

*C*uando yo muero quiero tus manos en mis ojos:
quiero la luz y el trigo de tus manos amadas
pasar una vez más sobre mí su frescura:
sentir la suavidad que cambió mi destino.

Quiero que vivas mientras yo, dormido, te espero,
quiero que tus ojos sigan oyendo el viento,
que huelas el aroma del mar que amamos juntos
y que sigas pisando la arena que pisamos.

Quiero que lo que amo siga vivo
y a ti te amé y canté sobre todas las cosas,
por eso sigue tú floreciendo, florida,

para que alcances todo lo que mi amor te ordena,
para que se pasee mi sombra por tu pelo,
para que así conozcan la razón de mi canto.

De *Cien sonetos de amor*

*H*emos perdido aun este crepúsculo.
Nadie nos vio esta tarde con las manos unidas
mientras la noche azul caía sobre el mundo.

He visto desde mi ventana
la fiesta del poniente en los cerros lejanos.

A veces como una moneda
se encendía un pedazo de sol entre mis manos.

Yo te recordaba con el alma apretada
de esa tristeza que tú me conoces.

¿Entonces dónde estabas?
¿Entre qué gentes?
¿Diciendo qué palabras?
¿Por qué se me vendrá todo el amor de golpe
cuando me siento triste, y te siento lejana?

Cayó el libro que siempre se toma en el crepúsculo,
y como un perro herido rodó a mis pies mi capa.

Siempre, siempre te alejas en las tardes
hacia donde el crepúsculo corre borrando estatuas.

De *Veinte poemas de amor y una canción desesperada*

Adiós, pero conmigo
serás, irás adentro
de una gota de sangre que circule en mis venas
o fuera, beso que me abrasa el rostro
o cinturón de fuego en mi cintura.
Dulce mía, recibe
el gran amor que salió de mi vida
y que en ti no encontraba territorio
como el explorador perdido
en las islas del pan y de la miel.

Yo te encontré después
de la tormenta
la lluvia llevó el aire
y en el agua
tus dulces pies brillaron como peces.

Adorada, me voy a mis combates.

... Amor, cuando te digan
que te olvidé, y aun cuando
sea yo quien lo dice,
cuando yo te lo diga,
no me creas,
quién y cómo podrían
cortarte de mi pecho
y quién recibiría
mi sangre
cuando hacia ti me fuera
(desangrando?
Pero tampoco puedo
olvidar a mi pueblo.

Voy a luchar en cada calle,
detrás de cada piedra.
Tu amor también me ayuda:
es una flor cerrada
que cada vez me llena con su aroma
y que se abre de pronto
dentro de mí como una gran estrella.
Amor mío, es de noche. (...)
Adiós, amor, te espero.
Amor, amor, te espero.
Y así esta carta se termina
sin ninguna tristeza:
están firmes mis pies sobre la tierra,
mi mano escribe esta carta en el
(camino,
y en medio de la vida estaré
siempre
junto al amigo, frente al enemigo,
con tu nombre en la boca
y un beso que jamás
se apartó de la tuya.

De *Los versos del Capitán*

La Tierra

Cuando estamos lejos de la patria
nunca la recordamos en sus inviernos.

De *Confieso que he vivido*

*C*repúsculo marino,
en medio
de mi vida,
las olas como uvas,
la soledad del cielo,
me llenas
y desbordas,
todo el mar,
todo el cielo,
movimiento
y espacio,
los batallones blancos
de la espuma,
la tierra anaranjada,
la cintura incendiada
del sol en agonía,
tantos
dones y dones,
aves
que acuden a sus sueños,

y el mar, el mar,
aroma
suspendido,
coro de sal sonora,
mientras tanto,
nosotros,
los hombres,
junto al agua,
luchando
y esperando
junto al mar,
esperando.

Las olas dicen a la costa firme:
"Todo será cumplido".

De *Odas elementales*

A mí dadme los verdes
laberintos,
las esbeltas
vertientes
de los Andes, y bajo los parrones,
amada, ¡tu cintura
de guitarra!

A mí dadme las olas
que sacuden
el cuerpo cristalino
de mi patria,
dejadme al Este ver cómo se eleva
la majestad del mundo
en un collar altivo de volcanes
y a mis pies sólo el sello
de la espuma,
nieve del mar, ¡eterna platería!

Amor de mis amores,
tierra pura,
cuando vuelva
me arrancaré a tu proa
de embarcación terrestre,
y así navegaremos
confundidos
hasta que tú me cubras
y yo pueda contigo, eternamente,
ser vino que regresa en cada otoño,
piedra de tus alturas,
¡ola de tu marino movimiento!

De Tercer libro de las odas

...Estoy solo
en las selvas natales,
en la profunda
y negra Araucanía.
Hay alas
que cortan con tijeras el silencio,
una gota que cae
pesada y fría como
una herradura.
Suena y se calla el bosque:
se calla cuando escucho,
suena cuando me duermo,
entierro
los fatigados pies
en el detritus
de viejas flores, en las defunciones
de aves, hojas y frutos,
ciego, desesperado,
hasta que un punto brilla:
es una casa.

Estoy vivo de nuevo.
Pero, sólo de entonces,
de los pasos perdidos,
de la confusa soledad,
del miedo,
de las enredaderas,
del cataclismo verde, sin salida,
volví con el secreto:
sólo entonces y allí pude saberlo,
en la escarpada orilla de la fiebre,
allí, en la luz sombría,
se decidió mi pacto
con la tierra.

De *Memorial de Isla Negra*

Sucedió en ese mes y en esa patria.
Aquello que pasó fue inesperado,
pero así fue: de un día al otro día
aquel país se llenó de cerezas.
Era recalcitrante
el tiempo masculino desollado
por el beso polar: nadie supone
lo que yo recogía en las tinieblas:
(metales muertos, huesos de volcanes)
(silencios tan oscuros
que vendaban los ojos de las islas)
y ya entre los peñascos
se dio por descontado el laberinto
sin más salida que la nieve
cuando llegó sin advertencia previa
un viento de panales que traía
el color que buscaban las banderas.
De cereza en cereza cambia el mundo.
Y si alguien duda
pido a quien corresponda que examinen
mi voluntad, mi pecho transparente,
porque aunque el viento se llevó el verano
dispongo de cerezas escondidas.

De *Geografía infructuosa*

Cuando estuve por primera vez
frente al océano quedé sobrecogido.
Allí entre dos grandes cerros
(el Huilque y el Maule) se desarrollaba
la furia del gran mar.
No sólo eran las inmensas olas nevadas
que se levantaban a muchos metros
sobre nuestras cabezas,
sino un estruendo de corazón colosal,
la palpitación del universo.

De Confieso que he vivido

La Poesía

La poesía es siempre un acto de paz.
El poeta nace de la paz como el pan
nace de la harina.

De *Confieso que he vivido*

Y fue a esa edad... Llegó la poesía
a buscarme. No sé, no sé de dónde
salió, de invierno o río.
No sé cómo ni cuándo,
no, no, eran voces, no eran
palabras, ni silencio,
pero desde una calle me llamaba,
desde las ramas de la noche,
de pronto entre los otros,
entre fuegos violentos
o regresando solo,
allí estaba sin rostro
y me tocaba.
Yo no sabía qué decir, mi boca
no sabía
nombrar,
mis ojos eran ciegos,
y algo golpeaba en mi alma,
fiebre o alas perdidas,
y me fui haciendo solo,
descifrando
aquella quemadura,

70

y escribí la primera línea vaga,
vaga, sin cuerpo, pura
tontería, pura sabiduría
del que no sabe nada,
y vi de pronto
el cielo
desgranado y abierto,
planetas,
plantaciones palpitantes,
la sombra perforada,
acribillada
por flechas, fuego y flores,
la noche arrolladora, el universo.

Y yo, mínimo ser,
ebrio del gran vacío
constelado,
a semejanza, a imagen
del misterio,
me sentí parte pura
del abismo,
rodé con las estrellas,
mi corazón se desató en el viento.

De *Memorial de Isla Negra*

71

Yo soy, compañera, el errante poeta que
canta la fiesta del mundo,
El pan en la mesa, la escuela florida, el honor de
la miel, el sonido del viento silvestre,
Celebro en mi canto la casa del hombre y su
esposa, deseo la felicidad crepitante en el centro
de todas las vidas y cuanto acontece recojo como
una campana y devuelvo a la vida
el grito y el canto de los campanarios de la primavera.

De *La barcarola*

*M*i fe en todas las cosechas del futuro
se afirma en el presente. Y declaro, por mucho
que se sepa, que la poesía es indestructible.

De *Discurso en Chile*

*H*ablo de cosas que existen, ¡Dios me libre
de inventar cosas cuando estoy cantando!

De *Residencia en la tierra II*

73

Y no olvidemos nunca la melancolía, el gastado sentimentalismo, perfectos frutos impuros de maravillosa calidad olvidada, dejados atrás por el frenético libresco; la luz de la luna, el cisne en el anochecer, "corazón mío" son sin duda lo poético elemental e imprescindible. Quien huye del mal gusto cae en el hielo.

De *Una poesía sin pureza*

Pienso que se fundó mi poesía
no sólo en soledad sino en un cuerpo
y en otro cuerpo, a plena piel de luna
y con todos los besos de la tierra.

De *Memorial de Isla Negra*

$\mathcal{D}$e cuanto he dejado escrito en estas páginas se
desprenderán siempre -como en las arboledas de otoño
y como en el tiempo de las viñas- las hojas amarillas
que van a morir y las uvas que revivirán en el vino sagrado.
Mi vida es una vida hecha de todas las vidas:
las vidas del poeta.

De *Confieso que he vivido*

La luz brusca del sol en el agua multiplica palomas, y canto.
Será tarde, el navío entrará en las tinieblas, y canto.
Abrirá su bodega la noche y yo duermo de estrellas.
Y canto.
Llegará la mañana con su rosa redonda en la boca. Y yo canto.
Yo canto. Yo canto. Yo canto. Yo canto.

De *La barcarola*

Mi vida y mi poesía han transcurrido como un río americano, como un torrente de aguas de Chile, nacidas en la profundidad secreta de las montañas australes, dirigiendo sin cesar hacia una salida marina el movimiento de sus corrientes.

Mi poesía no rechazó nada de lo que pudo traer en su caudal; aceptó la pasión, desarrolló el misterio, y se abrió paso entre los corazones del pueblo.

De *Confieso que he vivido*

Deber de los poetas es cantar con sus pueblos y dar al hombre lo que es del hombre: sueño y amor, luz y noche, razón y desvarío.

Del prólogo de *Las piedras de Chile*

$\mathcal{U}$n pobre y espléndido poeta, el más atroz de los desesperados, escribió esta profecía: "Al amanecer, armados de una ardiente paciencia, entraremos a las espléndidas ciudades." Yo creo en esta profecía de Rimbaud... Siempre tuve confianza en el hombre. No perdí jamás la esperanza. Por eso tal vez he llegado hasta aquí con mi poesía, y también con mi bandera.

En conclusión, debo decir a los hombres de buena voluntad, a los trabajadores, a los poetas, que el entero porvenir fue expresado en esa frase de Rimbaud: sólo con una ardiente paciencia conquistaremos la espléndida ciudad que dará luz, justicia y dignidad a todos los hombres.

Así la poesía no habrá cantado en vano.

De *Discurso del Premio Nobel*

Así la poesía no habrá
cantado en vano.

*P*reguntan qué pasará con la poesía en el año 2000. Es
una pregunta peluda. Si esta pregunta me saliera al paso en
un callejón oscuro me llevaría un susto de padre y señor mío.
Porque, ¿qué se yo del año 2000? De lo que estoy seguro
es de que no se celebrará el funeral de la poesía en el
próximo siglo.
En cada época han dado por muerta a la poesía, pero esta se
ha demostrado vitalicia, resucita con gran intensidad,
parece ser eterna.
La poesía acompañó a los agonizantes y restañó los dolores,
condujo a las victorias, acompañó a los solitarios,
fue quemante como el fuego, ligera y fresca como la nieve,
tuvo manos, dedos y puños, tuvo brotes como la primavera:
echó raíces en el corazón del hombre.

De *Para nacer he nacido*

El Hombre

Aquí terminan hoy estos viajes
en que me habéis acompañado
a través de la noche y del día
y del mar y del hombre.
Todo cuanto os he dicho,
pero mucho más es la vida.

De *Fin del Mundo*

83

hora
me parece
que no está solo el hombre.
En sus manos
ha elaborado
como si fuera un duro
pan, la esperanza,
la terrestre esperanza.

De *Nuevas odas elementales*

Y... o soy del Sur, chileno,
navegante
que volvió
de los mares.

No me quedé en las islas,
coronado.

No me quedé sentado
en ningún sueño.

Regresé a trabajar sencillamente
con todos los demás
y para todos.

Para que todos vivan
en ella
hago mi casa
con odas
transparentes.

De *Nuevas odas elementales*

*E*sta vez dejadme
ser feliz.
Nada ha pasado a nadie,
no estoy en parte alguna,
sucede solamente
que soy feliz
por los cuatro costados
del corazón, andando,
durmiendo o escribiendo.
Qué voy a hacerle, soy
feliz.

[...] Tú a mi lado en la arena
eres arena,
tú cantas y eres canto,
el mundo
es hoy mi alma:
canto y arena
el mundo
es hoy tu boca;
dejadme
en tu boca y en la arena
ser feliz,

ser feliz porque sí, porque respiro
y porque tú respiras,
ser feliz porque toco
tu rodilla
y es como si tocara
la piel azul del cielo
y su frescura.

Hoy dejadme
a mí solo
ser feliz,
con todos o sin todos,
ser feliz
con el pasto
y la arena,
ser feliz
con el aire y la tierra,
ser feliz
contigo con tu boca,
ser feliz.

De *Odas elementales*

Que la tierra florezca en mis acciones
como en el jugo de oro de las viñas,
que perfume el dolor de mis canciones
como un fruto olvidado en la campiña.

Que trascienda mi carne a sembradura
ávida de brotar por todas partes,
que mis arterias lleven agua pura,
¡agua que canta cuando se reparte!

Yo quiero estar desnudo en las gavillas,
pisado por los cascos enemigos,
yo quiero abrirme y entregar semillas
de pan, ¡yo quiero ser de tierra y trigo!

De *Crepusculario*

*P*ara nacer he nacido, para encerrar el paso de cuanto se aproxima, de cuanto a mi pecho golpea como un nuevo corazón tembloroso.

De *Para nacer he nacido*

Me gustó desde un comienzo la palabra *Winnipeg*. Las palabras tienen alas o no las tienen. La palabra *Winnipeg* es alada. La vi volar por primera vez en un atracadero de vapores, cerca de Burdeos. Era un hermoso barco viejo, con esa dignidad que dan los siete mares a lo largo del tiempo.

Ante mi vista, bajo mi dirección, el navío debía llenarse con dos mil hombres y mujeres. Venían de campos de concentración, de inhóspitas regiones, del desierto. Venían de la angustia, de la derrota, y este barco debía llenarse con ellos para traerlos a las costas de Chile, a mi propio mundo que los acogía. Eran los combatientes españoles que cruzaron la frontera de Francia hacia un exilio que dura más de 30 años.

Yo no pensé, cuando viajé de Chile a Francia, en los azares, dificultades y adversidades que encontraría en mi misión. Mi país necesitaba capacidades calificadas, hombres de voluntad creadora. Necesitábamos especialistas.

Recoger a estos seres desperdigados, escogerlos en los más remotos campamentos y llevarlos hasta aquel día azul, frente al mar de Francia, donde suavemente se mecía el barco *Winnipeg*, fue cosa grave, fue asunto enredado, fue trabajo de devoción y desesperación.

Mis colaboradores eran una especie de tribunal del purgatorio. Y yo, por primera y última vez, debo haber parecido Júpiter a los emigrados. Yo decretaba el último *Sí* o el último *No*. Pero yo soy más *Sí* que *No*, de modo que dije siempre *Sí*.

Estaban ya a bordo casi todos mis buenos sobrinos, peregrinos hacia tierras desconocidas, y me preparaba yo a descansar de la dura tarea, pero mis emociones parecían no terminar nunca. El gobierno de Chile, presionado y combatido, me instaba en un telegrama a cancelar el viaje de los emigrados.

Hablé con el Ministerio de Relaciones Exteriores de mi país. Era difícil hablar a larga distancia en 1939. Pero mi indignación y mi angustia se oyeron a través de océanos y cordilleras y el Ministro solidarizó conmigo. Después de una crisis de gabinete, el *Winnipeg*, cargado con dos mil republicanos que cantaban y lloraban, levó anclas y enderezó rumbo a Valparaíso.

Que la crítica borre toda mi poesía, si le parece. Pero este poema, que hoy recuerdo, no podrá borrarlo nadie.

Fragmento de *"El Winnipeg y otros poemas"*
(del libro *Para nacer he nacido*)

... *Q*uiero que al limpio amor que recorriera
mi dominio, descansen los cansados,
se sienten a mi mesa los oscuros,
duerman sobre mi cama los heridos.

Hermano, esta es mi casa, entra en el mundo
de flor marina y piedra constelada
que levanté luchando en mi pobreza.
Aquí nació el sonido en mi ventana
como en una creciente caracola
y luego estableció sus latitudes
en mi desordenada geología.

Tú vienes de abrasados corredores,
de túneles mordidos por el odio,
por el salto sulfúrico del viento:
aquí tienes la paz que te destino,
agua y espacio de mi oceanía.

De *Canto general*

Si estamos aquí reunidos estoy contento. Pienso con
alegría que cuanto he vivido y escrito ha servido para
acercarnos. Es el primer deber del humanista y la fundamental
tarea de la inteligencia asegurar el conocimiento y el
entendimiento entre los hombres. Bien vale haber luchado
y cantado, bien vale haber vivido si el amor me acompaña.

De *Para nacer he nacido*

De la verdad fui solidario:
de instaurar luz en la tierra.

Quise ser común como el pan:
la lucha no me encontró ausente.

Pero aquí estoy con lo que amé,
con la alegría que perdí:
junto a esta piedra no reposo.

Trabaja el mar en mi silencio.

De *Las piedras de Chile*

*C*ompañeros, enterradme en la Isla Negra,
frente al mar que conozco, a cada área rugosa
de piedras y de olas que mis ojos perdidos
no volverán a ver.

[...] todas las llaves húmedas de la tierra marina
conocen cada estado de mi alegría,
saben
que allí quiero dormir entre los párpados
del mar y de la tierra...

Quiero ser arrastrado
hacia abajo en las lluvias que el salvaje
viento del mar combate y desmenuza,
y luego por los cauces subterráneos, seguir
hacia la primavera profunda que renace.

Abrid junto a mí el hueco de la que amo, y un día
dejadla que otra vez me acompañe en la tierra.

De *Canto general*

Pido silencio

Ahora me dejen tranquilo,
Ahora se acostumbren sin mí.

Yo voy a cerrar los ojos.

Y sólo quiero cinco cosas,
cinco raíces preferidas.

Una es el amor sin fin.

Lo segundo es ver el otoño.
No puedo ser sin que las hojas
vuelen y vuelvan a la tierra.

Lo tercero es el grave invierno,
la lluvia que amé, la caricia
del fuego en el frío silvestre.

En cuarto lugar el verano
redondo como una sandía.

La quinta cosa son tus ojos,
Matilde mía, bienamada,
no quiero dormir sin tus ojos,
no quiero ser sin que me mires:
yo cambio la primavera
por que tú me sigas mirando.
Amigos, eso es cuanto quiero.
Es casi nada y casi todo.

Ahora si quieren se vayan.

He vivido tanto que un día
tendrán que olvidarme por fuerza,
borrándome de la pizarra:
mi corazón fue interminable.

Pero porque pido silencio
no crean que voy a morirme:
me pasa todo lo contrario:
sucede que voy a vivirme.

Sucede que soy y que sigo.

No será, pues, sino que adentro
de mí crecerán cereales,
primero los granos que rompen
la tierra para ver la luz,
pero la madre tierra es oscura:
y dentro de mí soy oscuro:
soy como un pozo en cuyas aguas
la noche deja sus estrellas
y sigue sola por el campo.

Se trata de que tanto he vivido
que quiero vivir otro tanto.

Nunca me sentí tan sonoro,
nunca he tenido tantos besos.

Ahora, como siempre, es temprano.
Vuela la luz con sus abejas.

Déjenme solo con el día.
Pido permiso para nacer.

De *Estravagario*

Bibliografía

Neruda, Pablo. Obras completas, Losada, Buenos Aires, 1ra edición 1957,
6ta edición 1999

Neruda, Pablo. Confieso que he vivido. Memorias, Círculo de Lectores,
Barcelona, 1974

Neruda, Pablo. Para nacer he nacido, Bruguera, Barcelona, 1980

Acerca de la pintora

DAFNI AMECKE-TZITZIVAKOS nació en la isla de Lemnos, en Grecia.
Comenzó a pintar después de ejercer varios años su profesión de
química, en Alemania. Decididamente consagrada a la pintura, sus
acuarelas y acrílicos han sido muy elogiados por la crítica y por el
público de Europa. Los colores brillantes, la luz y los contornos
insinuados expresan su amor por la naturaleza y por su tierra natal
y transmiten una fuerza tan vital como la poesía más pura.

Índice

El Amor

Pág. 7

La Tierra

Pág. 57

La Poesía

Pág. 69

El Hombre

Pág. 83

Otros libros para regalar

Te regalo una alegría
Un regalo para el alma
Una pausa para el espíritu
Confía en ti
Todo es posible
Nunca te rindas
Por nuestra gran amistad
La maravilla de la amistad
Seamos siempre amigas
Un regalo para mi hija
Un regalo para mi madre
A mi hermana
Para una gran mujer
Para una mujer muy ocupada
Para una mujer que cree en Dios
Para el hombre de mi vida
Un regalo para mi padre
Para un hombre de éxito

Un regalo para mi hijo
De parte de papá y mamá
Con el cariño de la abuela
Dios te conoce
Tu Primera Comunión
La maravilla de los bebés
Nacimos para estar juntos
Gracias por tu amor
Ámame siempre
Poemas para enamorar
Vocación de curar
Vocación de enseñar

Colección "Lo mejor de los mejores"

Paulo Coelho: Palabras esenciales
Mario Benedetti: Acordes cotidianos
Richard Bach: Mensajes para siempre
Un brindis por la vida
Un brindis por los amigos